Kurt Tepperwein

Praktische Lebensweisheiten für den Alltag

AF205346

Kurt Tepperwein

Praktische
Lebensweisheiten
für den Alltag

Originalausgabe 2005
© 2005 by spirit Rainbow Verlag, Aachen
Original-Titel: Lebensweisheiten für den Alltag

Sonderauflage
2020 © by IAW Anstalt, Vaduz
www.iadw.com

ISBN: 978-3-7504-3162-1

Die Deutsche Nationalbibliothek verzeichnet diese Publikation
in der Deutschen Nationalbibliografie; detaillierte bibliografische Daten
sind im Internet über www.dnb.de abrufbar.

Umschlaggestaltung: www.layART.li
Umschlagmotiv: ©pixabay/polka-dots

Herstellung und Verlag: BoD – Books on Demand, Norderstedt
Made in Germany

Internationale Akademie der Wissenschaften (IAW) Anstalt, FL-9490 Vaduz
Tel. +423/233 12 12, Fax +423/233 12 14

Vorwort

Es ist sicher nicht üblich, zu einem Buch eine „Gebrauchsanweisung" zu geben, aber dieses Buch sollten Sie auf eine besondere Weise lesen. Wenn Sie es auf die übliche Weise lesen, wird es Ihnen sicher auch Gewinn bringen, denn diese Lebensweisheiten sollte man sich immer wieder ins Bewusstsein rufen, damit sie mehr und mehr Bestandteil unseres Denkens und Handelns werden. Doch erst wenn Sie dieses Buch auf eine besondere Weise lesen, entfaltet es seine ganz besondere Wirkung.

Vielleicht haben Sie es auch schon einmal erlebt, dass Sie plötzlich geistig in einer anderen Ebene waren. Ungeahnte Dimensionen eröffneten sich, Antworten auf viele Fragen lagen klar vor Ihnen, doch ehe man richtig erfasste, was geschehen war, ist es auch schon wieder vorbei. Was bleibt, ist die Erinnerung, eben noch gewusst zu haben, und die Hoffnung, dass es sich wiederholen möge. Doch wenn man wirklich das Glück hat, ist man meist nicht vorbereitet - und es geht vorüber.

Es gibt jedoch Worte, deren Schwingung stark genug sein kann, uns empor zu tragen, so dass wir bewusst in diese Dimension eintreten können. In diesem Buch habe ich für Sie solche Worte gesammelt, die ein Schlüssel sein können für diese Ebenen. Diese Worte haben mehrere Dimensionen. Äußerlich betrachtet enthalten sie eine klare verbale Information, über die es sich lohnt, nachzudenken. Darüber hinaus haben sie eine unbeschreibliche Wirkung, wenn man sie in der Stille in seinem Herzen „bewegt".

Immer, wenn ich dazu bereit bin, gehe ich in die Stille und lese einige der Worte langsam und mehrfach. Dann kann es geschehen, dass sich diese Wirkung entfaltet und mich eines der Worte „ergreift". Es ist ein anderes Wort, dessen tiefere Bedeutung ich zu begreifen beginne, um mich dann von ihm empor tragen zu lassen bis zum Verständnis aller Dinge.

Versuchen wir doch einmal, gemeinsam in ein solches Wort hineinzugehen. Nehmen wir zum Beispiel den Satz: „Wie oben, so unten, wie innen so außen, wie im Kleinsten, so im Größten". Es ist das Gesetz der Entsprechung, das Hermes Trismegistos vor etwa 5000 Jahren in der „Tabula

Smaragdina" festgehalten hat. Es besagt also, dass alles in der Schöpfung einander entspricht. Also muss auch der Mikrokosmos Mensch dem Makrokosmos Gott entsprechen. Wenn der Mensch aber von seinem wahren Wesen her vollkommen ist, sollte er dieses wahre Wesen auch zum Ausdruck bringen, und alles, was diesem wahren Wesen nicht entspricht, also alles Unvollkommene, loslassen.

Wenn er das wirklich tut, dann denkt, fühlt und handelt er vollkommen. Dann aber müssen seine Lebensumstände, sein Schicksal ebenso vollkommen sein, denn das Außen entspricht ja vollkommen dem Innern. Das Leben ist nur ein Spiegelbild des inneren Seins. Dann bin ich also in Wirklichkeit Herr meines Schicksals und muss mich eigentlich für jede Unvollkommenheit beim Schöpfer entschuldigen, weil ich die Vollkommenheit seiner Schöpfung durch mein unvollkommenes Verhalten gestört habe, anstatt ihn zu bitten, er möge wieder in Ordnung bringen, was ich falsch gemacht habe.

Das gilt auch für eine Krankheit. Die Unvollkommenheit meines Verhaltens führt zu Unvollkommenheit im Äußeren, zu Krankheit und Leid, und nur ich kann dies ändern, denn nur ich kann mein inneres Sein verändern. Und ich erkenne die

Wahrheit des Wortes: „Verhalten gestaltet Verhältnisse". So erkenne ich auch daraus, dass es kein
unverdientes Glück geben kann, ebenso wie es kein
unverdientes Leid geben kann. Und ich stehe vor
der Größe der Aufgabe, die Vollkommenheit meines wahren Wesens zu erkennen und dieser Vollkommenheit auch vollkommen Ausdruck zu ver-
leihen, damit mein Schicksal, ja mein ganzes Leben,
vollkommen werde.

Sie sehen, was geschehen kann, wenn wir nur in
eines dieser Worte „hineingehen" und sie in unserem Herzen „bewegen". Wir erkennen darin eine
ganze Lebensphilosophie. Doch vielleicht können
Sie die Wirklichkeit in einem anderen Kleid leichter
erkennen. Nehmen wir ein anderes Wort, z.B. die
etwas ironisch formulierte „Kambodschanische
Bauernregel", die da lautet: „Verschiebe nichts auf
morgen, was Du nicht auch auf übermorgen verschieben könntest".

Scheinbar nur spaßig gemeint, erschließt sich bei
näherem Hinsehen der Ernst dieses Wortes. Denn
neigen wir nicht alle dazu, etwas vor uns her zu
schieben, obwohl wir es als gut und richtig, ja als
notwendig erkannt haben? Tun wir wirklich immer
alles, was getan werden muss?

Wenn nein, heißt das also, wir lassen es zu, dass wir wider besseres Wissen handeln. Wenn etwas aber schon getan werden muss, dann sollte es wert sein, auch gut getan zu werden. Dann sollten wir es auch gleich tun, denn wer schnell hilft, hilft doppelt. Der beste Zeitpunkt ist immer JETZT! Wer weiß, ob wir später noch Gelegenheit dazu haben werden. Wir haben zwar die Ewigkeit vor uns, denn wir alle sind ewig lebende Seelen, aber trotzdem ist dieser Augenblick einmalig und kehrt niemals wieder.

Ich bin sehr dankbar, dass ich mit den Worten dieses Buches einen Schlüssel zu solchen Dimensionen in den Händen halte, und ich möchte Ihnen diese Worte geben, in der Hoffnung, dass sie auch für Sie zum Schlüssel zu diesem Erleben werden.

Kurt Tepperwein

Der Anfang

Auch eine Reise von tausend Meilen
fängt mit dem ersten Schritt an.
Achte auf deine Gedanken –
sie sind der Anfang deiner Taten.

Wer heute einen Gedanken sät,
der erntet morgen die Tat,
übermorgen die Gewohnheit,
danach den Charakter
und endlich sein Schicksal.

Ein Meister

ist Herr seiner Einbildungskraft.

In sein Bewusstsein

legt er nur göttliche Keime,

um göttliche Verwirklichungen

zu erhalten.

Der Verstand ist ein guter Diener,

aber ein schlechter Herr!

Der Mensch hat dreierlei Wege
klug zu handeln:
Erstens durch NACHDENKEN,
das ist der edelste.
Zweitens durch NACHAHMEN,
das ist der leichteste.
Und drittens durch ERFAHRUNG,
das ist der bitterste!

Glaube denen, die die Wahrheit suchen,
und zweifle an denen,
die sie schon gefunden haben.

Wollen wir die Welt ändern

und bessern,

dann müssen wir bei uns anfangen;

und wollen wir uns bessern,

dann müssen wir

bei unseren Gedanken beginnen.

Gott gebe mir die Gelassenheit,

die Dinge hinzunehmen,

die ich nicht ändern kann,

den Mut, die Dinge zu ändern,

die ich ändern kann,

und die Weisheit,

das Eine vom Anderen zu unterscheiden.

Unser freier Wille

ist im Grunde genommen

nur die Entscheidung

FÜR oder GEGEN

das göttliche Prinzip.

Wer glaubt, freier Wille heißt,

tun und lassen,

wozu man gerade Lust hat,

der macht sich

zum Spielball seiner Begierden.

Gott weiß,

dass ich da bin.

Und das genügt mir.

Religion ist die Verbindung zwischen
drei fundamentalen Prinzipien:
Gott, Welt und Mensch.
Religion besteht darin,
Gutes zu tun, Liebe, Wahrhaftigkeit
und Vollkommenheit auszuüben.
Religion ist praktische Philosophie.
Philosophie ist theoretische Religion.
Philosophie ist suchen,
Religion ist erfahren.
Religion ist ein Leben der Güte und
des Dienens inmitten
der weltlichen Versuchung.
Es gibt nur eine Religion,
die Religion der Liebe und
der Wahrheit,

es ist die Religion des Herzens.

Die Wahrheit ist weder christlich,

noch mohammedanisch,

noch buddhistisch.

Wie oben – so unten.

Wie innen – so außen.

Wie im Größten – so im Kleinen.

Nichts auf der Welt ist so gerecht
verteilt wie der Verstand – jeder glaubt
nämlich, er besitze genug davon!

Mit dem Geist ist es wie mit einem

Fallschirm – er nutzt nur, wenn er sich

entfaltet!

Der Mensch hat gelernt,

alles zu beherrschen.

Elektrizität, Maschinen, Computer.

Das Größte wie das Kleinste –

nur das Nächste nicht:

SICH SELBST!

Gebet eines alten Indianerhäuptlings:

Großer Geist, hilf mir,

den größten Feind zu besiegen,

den ich habe – mich selbst.

Besser: Großer Geist, hilf mir,

den besten Freund zu finden, den ich habe –

mich selbst.

Groß handeln,

wenn der andere kleinlich handelt,

anständig bleiben,

wenn der andere unanständig ist,

ruhig bleiben,

wenn der andere aufgeregt gestikuliert,

das allein zeigt Charakter.

Gentleman sein unter Gentlemen,

das ist kein Kunststück.

Wir alle wünschen uns Freunde.

Aber sind wir selbst Freunde?

Um einen Freund zu gewinnen,

muss man selbst einer sein.

Ein Mann, dessen Leben beendet war,

erschien vor Gott.

Und Gott blickte auf dessen Leben zurück

und zeigte ihm die vielen Lektionen,

die er gelernt hatte.

Als er fertig war, sagte er:

„Mein Sohn, möchtest du etwas fragen?"

Und der Mann antwortete:

„Während du mir mein Leben zeigtest,

fiel mir auf, dass da in guten Zeiten

immer zwei Fußspuren waren,

und ich wusste, dass du neben mir gingst.

In schlechten Zeiten aber

war da nur eine Fußspur.

Warum, Vater, hast du mich

in den schwierigen Zeiten verlassen?"

Und Gott antwortete:

„Du verstehst es falsch, mein Sohn.

Es ist wahr,

dass ich in guten Zeiten neben dir ging und

dir den Weg zeigte,

aber in schwierigen Zeiten,

trug ich dich."

Das gegenwärtige Leben

ist das Abbild

eines vergangenen und

die Vorbereitung

auf ein nachfolgendes.

Weisheit

Das eigene Leben, das der Mitmenschen und

die Entwicklung der übrigen Umwelt

bestmöglich fördern und konsequent auch die

geringsten lebenswidrigen Gedanken und

Taten vermeiden –

das ist die höchste Weisheit.

Die besten Kräfte der Menschen
werden durch Streit und Ärger frei
gesetzt und nutzlos verpulvert.

Sobald ich nichts mehr erwarte,

entfällt jeder Grund,

mich zu ärgern.

Worüber auch?

Die Umstände haben nichts mehr,

mit dem sie kollidieren könnten.

Man sollte die Dinge so nehmen,

wie sie kommen,

aber dafür sorgen,

dass sie so kommen,

wie man sie nehmen möchte.

Wenn die Zeit kommt,

in der man könnte,

ist die vorbei,

in der man kann.

Sich selbst zu besiegen

ist der herrlichste Sieg.

Den Wert eines Menschen

bestimmt nicht seine Hautfarbe,

Rasse, Religion, die soziale Schicht,

aus der er her stammt,

oder seine soziale Stellung,

seine Macht, der Besitz,

über den er verfügen kann,

auch nicht seine leiblichen und

verstandesmäßigen Anlagen und

ihre Ausbildung –

sondern allein die Stärke und

die Ausdauer seines Bemühens,

lebensrichtig zu denken und zu handeln.

Jesus ermahnte den
von ihm Geheilten: „Gehe und
sündige hinfort nicht mehr",
damit die Heilung von Dauer sei.
Sündigen heißt, nicht im Einklang mit
den Naturgesetzen zu leben.

Verschiebe nichts auf morgen,
was Du auch auf übermorgen
verschieben könntest!

Kambodschanische Bauernregel

Vergesst nie die drei besten Dinge:

Gute Gedanken –

gute Worte –

gute Taten!

Gute Gedanken helfen euch,

in Frieden und Harmonie

mit euch selbst,

mit euren Nächsten und

mit Gott zu leben.

Gute Worte begründen euer Wohlsein

im Zeitlichen und

gute Taten euer Wohlergehen

im künftigen, überzeitlichen Leben...

Der Schlüssel

Ein kleiner Schlüssel,

der selbst nur wenige Gramm wiegt,

kann doch einen Tresor öffnen,

der viele Tonnen wiegt.

Der Schlüssel zu dieser Welt heißt:

Gedankendisziplin.

Nur mit Gedankendisziplin

kann man seine Erkenntnisse

auch in die Tat umsetzen,

die richtigen Ursachen schaffen und dadurch

die erwünschten Wirkungen hervor rufen.

Nur so wird man

zum Herrn des Schicksals!

Glück haben, ist nicht Glückssache,

sondern das Ergebnis

richtigen Denkens und Handelns!

Nimm Dir Zeit, um glücklich zu sein.

Glück kann man nicht kaufen,

Liebe gibt es umsonst.

(Die schönsten Dinge im Leben

sind kostenlos...)

Willst du glücklich sein im Leben,

trage bei zu anderer Glück,

denn die Freude, die wir geben,

kehrt ins eigene Herz zurück.

Zwei Dinge sollten wir beseitigen:

die Furcht vor zukünftigem und

das Andenken an vergangenes Leid.

Das eine berührt mich nicht mehr,

das andere noch nicht.

Halte keinen für glücklich,

der von seinem Glück abhängt.

Im Reichtum ist oft

mehr Gefahr als in Armut.

Wahrer Reichtum ist das, was einer ist,

nicht was er hat.

Wer erkannt hat, dass selbst der Tod

kein Übel ist und keine Beeinträchtigung

des eigenen Wesens, der wird alles,

was geringer ist als der Tod,

gelassen ertragen.

Wer die Zeit nicht hat,

die man braucht,

um glücklich zu sein,

der muss die Zeit haben,

die man braucht,

um glücklich zu sein.

Greife nicht nach den Sternen,

aber ergreife diesen Augenblick!

Fremde sind Freunde,

die man noch nicht

kennen gelernt hat.

„Es war einmal vor vielen, vielen Jahren in Indien. Da stand mitten im Urwald ein großer Tempel aus purem Gold. Seine Innenwände waren mit 1000 Spiegeln ausgekleidet, so dass jeder, der in diesen Tempel trat, sich tausendfach wieder sah. Da geschah es einmal, dass ein Hund sich dahin verirrte. Er freute sich über seine Entdeckung und glaube, nun ein reicher Hund zu sein, als er das äußere Gold sah. Er ging hinein in den Tempel der tausend Spiegel. Aber da sah er sich 1000 anderen Hunden gegenüber. Er wurde furchtbar wütend, weil die anderen ihm zuvor gekommen waren und fing an zu bellen.

Jedoch die 1000 Hunde bellten gleichermaßen zurück, waren es doch seine Spiegelbilder.

Da steigerte sich sein Zorn noch mehr, aber der seiner Gegner auch. Seine Wut wurde schließlich so groß, dass sie ihn vernichtete und er tot umfiel.

Es vergingen viele Jahre. Da geschah es wieder einmal, dass ein Hund zum Tempel der 1000 Spiegel kam. Auch er freute sich über seine Entdeckung. Auch er ging hinein, und auch er sah sich tausend Hunden gegenüber. Aber er freute sich, dass er in der Einsamkeit Gesellschaft gefunden hatte und wedelte mit dem Schwanz. Da wedelten die 1000 Hunde zurück; und er freute sich, dass die anderen sich freuten, und die Freude wollte kein Ende finden. Deshalb ging er öfter dahin, um sich zusammen mit anderen zu freuen.

Der gleiche Ort, der für den einen ein Ort des Todes war, war für den anderen ein Ort der Freude. —

Was man ausstrahlt,
kehrt tausendfach zurück.

Nicht wie der Wind weht,

sondern wie man die Segel setzt,

darauf kommt es an.

Wer aus seinem Unglück nichts lernt,

ist es nicht wert,

jemals wieder Glück zu haben.

Wer da denkt, er kann, der kann auch!

Es gibt nach oben nur die Grenze,

die wir selbst setzen.

Denn jede Niederlage

ist die Aufforderung,

es besser zu machen.

Glück im Unglück

Bei Matthew Henry, dem in bescheidensten

Verhältnissen lebenden berühmten Gelehrten,

wurde eingebrochen. Man stahl seine

Brieftasche. Aber der geschäftige, freundliche,

alte Herr war weit entfernt davon, nieder

geschmettert zu sein. Er setzte sich an seinen

Schreibtisch und trug folgende Bemerkung in

sein Tagebuch ein:

„Lasst mich danken: zunächst,

weil ich nie zuvor bestohlen worden bin;

zweitens, weil man zwar mein Geld,

aber nicht mein Leben genommen hat;

drittens, weil es nicht viel war,

das man mir nahm — wenn es auch alles war,

was ich gegenwärtig besitze;

und viertens, weil ich der Bestohlene und

nicht der Dieb bin."

Fang den Tag von heute

nicht mit den Scherben

von gestern an.

Verluste in Grenzen halten

Menschen, die Glück haben, springen ab, bevor ein Reinfall zur Katastrophe wird. Gerät ein Unternehmen ins Wanken, dann gibt es jedes Mal einen Augenblick, an dem man mit einem kleinen Verlust oder gar keinem aussteigen kann, aber eben nur diesen einen. Ist der verpasst, werden die Umstände zur unentrinnbaren Falle. Man kommt – manchmal zeitlebens – nicht mehr heraus. „Wenn Sie beim Tauziehen mit dem Tiger den Kürzeren ziehen, lassen Sie ihm das Seil, bevor er Ihren Arm packt. Ein neues Seil können Sie sich immer kaufen."

Im Grunde ist jedes Unglück
gerade nur so schwer,
wie man es nimmt.

Alle, welche hier nieder unglücklich sind,
sind es deshalb, weil sie in einer früheren
Existenz nur ihr eigenes Glück auf Kosten
des Nächsten gesucht haben;
alle, welche hier nieder glücklich sind,
sind es deshalb, weil sie früher das Glück des
Nächsten gesucht haben.

Glück ist Talent für das Schicksal.

Der Mensch wird von seinen Sünden bestraft, nicht für sie. Das Karma belohnt nicht und straft nicht, es stellt lediglich die verloren gegangene Harmonie wieder her.

Über das Karma sagt Christus: „An ihren Früchten sollt ihr sie erkennen. Ernten die Menschen etwa Tauben von Dornen oder Feigen von Disteln? Genau wie ein guter Baum gute Früchte hervor bringt und der schlechte Baum schlechte Früchte, so kann auch ein schlechter Mensch keine guten Früchte tragen."

Das Karma erklärt die Vererbung. „Karma bezeichnet nicht das, was ein Mensch von seinen Ahnen erbt, sondern das, was er von sich selbst aus einer früheren Existenz erbt."

Je höher die Ebene, von der aus

die Harmonie der Natur gestört wird,

umso mächtiger

ist die Reaktion auf die Tat.

Wer nimmt, der schuldet.

Wer gibt, der hat zu gut.

Das Gesetz des Karma bindet den

Unwissenden und macht den

Wissenden frei.

„Gute Taten sind genau so bindend

wie böse Taten;

gute Taten können mit ‚Fesseln aus Gold'

und üble Taten mit solchen

aus Eisen vergleichen werden,

doch sind beide ausreichend,

um uns gefesselt zu halten."

Obwohl Sklaven der Vergangenheit,
sind wir die Gebieter der Zukunft.

Wenn zwei Wege vor jemandem liegen, von denen sich für ihn keiner moralisch von dem anderen zu unterscheiden scheint, so wird er kein Unrecht begehen, mag er den einen oder den anderen wählen. In dem Augenblick aber, wo wir eine Sache als Unrecht erkannt haben, üben wir Verrat an uns selbst, wenn wir dem Tier in uns erlauben, den Gott in uns zu überwältigen. Das ist es, was wirklich Sünde ist.

Die ‚Erbsünde'

Der Mensch tritt bei jeder seiner

Inkarnationen das EIGENE Erbe an,

er bringt alle ungelösten Ursachen mit,

die er einst selbst gesät hat.

Mancher ‚Mist',

der im Laufe eines Lebens gebaut wird,

dient im wahrsten Sinne des Wortes als

Dünger für große Taten.

Nichts in dieser Welt
kann so schlecht sein,
dass es nicht dem,
der bewusst sehen gelernt hat,
eine bestimmte Information
vermittelt.

Als der Entdecker des Penicillins,
Alexander Fleming, nach langen Versuchen
mit Bakterienkulturen eines Tages eine
Kulturen-Lösung wegwerfen wollte, weil sie
ihm durch die Unachtsamkeit eines
Mitarbeiters verdorben war, stellt er erstaunt
fest, dass dort, wo Schimmelpilze das Gefäß
bedeckten, die Bakterien abgetötet waren.
Was ihm vorher als ein ärgerliches
Missgeschick erschien, wurde zur Sternstunde
in seinem Leben: Das Penicillin war entdeckt
und brachte Sir Alexander Fleming 1954
den Nobelpreis ein.

Wie die Unwissenden handeln,

weil sie begehren,

so sollte der Weise handeln,

ohne zu begehren.

Wer Gott kennt (annimmt),

der ist vom Gesetz des Schicksals befreit

und dem Bösen entwunden.

Der, welcher glaubt, den unsichtbaren Gott zu liegen und keine Rücksicht auf seinen sichtbaren Bruder, den Menschen, nimmt, oder ihn liebt, ist in der Tat verloren. Unsere Mitmenschen zu lieben, zu ehren und ihnen dankbar zu sein, heißt Gott lieben und verehren

Gute Beispiele verändern schlechte Sitten –
geben Sie ein gutes Beispiel!
(Nicht nur ein Mal...)

Ob wir ein Leben in Freude führen, liegt an uns! Kein Mensch ist dem anderen gleich. Jeder ist einmalig. Auch die Lebensbedingungen der Menschen sind verschieden.

Aber alle können – unabhängig von ihren Anlagen und Lebensumständen – durch lebensrichtige Gedanken und Taten ein Leben in Freude führen. Es liegt nur an ihnen.

Töricht aber ist derjenige, welche dasjenige, was er tut, zu seiner Selbstverherrlichung unternimmt; denn gerade dieses vermeintliche ‚Selbst', welches er verherrlichen will, muss zugrunde gehen, damit der Meister offenbar werden kann.

Mit großen Problemen
soll man sich beschäftigen,
solange sie noch keine sind!

Der Erfolgreiche fängt gerade da an, wo der Erfolglose aufhört! Misserfolge sind immer nur Zwischenergebnisse.

Wirklich kreativ kann der Mensch nur werden, wenn sein Kampf um die bloße Existenz abgelöst wird durch das mehr spielerische Ringen um eine schöpferische Weiterverwirklichung und Lebensgestaltung.

Verhalten gestaltet Verhältnisse!

Rückschläge und Misserfolge muss in Kauf nehmen, wer vorwärts stürmt. Es kommt nur darauf an, was er aus den Hindernissen macht: Ob er sich durch sie aufhalten lässt oder ob er sie als Sprungbrett zu neuen Erfolgen benutzt.

Viele Menschen gehen so darin auf,

sich ihren Lebensunterhalt zu verdienen,

dass ihnen keine Zeit mehr

zum Leben bleibt.

Man darf dem Erfolg nicht nachlaufen

- man muss ihm entgegen gehen!

Es ist wirklich unglaublich,

was man alles schafft –

wenn man nichts anderes tut.

In Wirklichkeit haben wir

nicht zu wenig Zeit,

wir vergeuden nur zu viel davon.

Ein großer Teil der Zeit vergeht,

indem wir Unrecht tun,

ein anderer, indem wir nichts tun,

alles vergeht, indem wir etwas anderes

tun, als wir sollten.

Viele Menschen entschließen sich

erst wirklich zu leben,

wenn sie bereits halb tot sind.

Wer heute den Kopf in den Sand steckt,

knirscht morgen mit den Zähnen!

Viele Menschen sind einfach blind

für die Wirklichkeit.

Wie die Frau, die sagte:

„Mit meinen zwei Zentnern bin ich

einfach zu klein für mein Gewicht.

Aber ich kann essen und essen und

wachse einfach nicht mehr."

Wenn wir die Prinzipien rechten Denkens
und intelligenten Handelns richtig anwenden,
ist der Erfolg sicher.
Die Prinzipien sind Naturgesetze,
und wenn sie korrekt ausgeführt werden,
tragen sie immer Früchte.

Viele Menschen auf dem geistigen
Pfad essen nicht richtig,
vernachlässigen die Körperbewegung
und missachten andere Naturgesetze,
weil sie nicht Sklaven menschlichen
Bewusstseins werden wollen.
Solange wir nicht Wasser in Wein
umwandeln, auf dem Wasser oder
durch Wände gehen können,
sollten wir, so scheint mir,
an dem Spiel des Lebens
mit größter Intelligenz teilhaben.

Wer nicht mehr steigt,
ist im Begriff zu fallen!

„Der Mensch hat einen Vertrag mit der Natur. Hält er seine Vertragsparagraphen, so hält die Natur die ihrigen; verstößt der Mensch aber gegen sie, stellt auch die Natur ihre Leistungen ein, wobei der Mensch den Kürzeren zieht. Das sieht man deutlich auf dem Gebiet der Gesundheit. Die Gesundheit ist von ganz bestimmten Bedingungen abhängig. Hier herrscht kein Zufall, sondern es liegt eine feste Ordnung vor. Und diese zu erkennen und zu erfüllen, ist die wesentliche Grundlage unseres ganzen Lebensglücks."

Die Zeit wird kommen,

wo die Tätigkeit des Arztes

nicht mehr darin besteht,

den Körper zu behandeln

und zu heilen,

sondern den Geist zu heilen,

der dann seinerseits

den Körper heilen wird.

Noch später aber

wird eine Zeit kommen,

wo jeder sein eigener Arzt ist.

Ein Leben in Harmonie mit der Natur und

mit Gott kennt keine Dissonanzen:

Krankheit, Leid und Not.

Zweck des Lebens ist es, mich mit
Schwierigkeiten zu konfrontieren.
Sinn des Lebens ist es,
sie zu beseitigen und daran zu
wachsen und zu reifen!

Wer ein Omelett machen will,
muss den Mut haben,
Eier zu zerschlagen!

Wir sind alle stark genug zu ertragen,
was anderen zustößt.

Nicht der, der wir äußerlich scheinen, ist es, der jedes Schicksal zwingt, sondern unser inneres Selbst, der schlummernde Riese in uns. Diesen „Riesen in uns" gilt es durch unser Vertrauen zu wecken. Es gilt, zum Bewusstsein des Einsseins mit ihm zu erwachen, der wahrhaft von sich sagen kann: „Ich bin der Meister meiner selbst und meines Schicksals Schmied!" Alle Dinge werden Diener dessen, der weiß, dass er ihr Herr ist! Die meisten wissen es nicht — darum dient ihnen nichts und niemand. Sie träumen einen „Traum" des Lebens, der in Wahrheit weder Traum noch Leben ist.

Wir sind auf jede Überraschung

vorbereitet, nur die alltäglichen Dinge

brechen über uns herein

wie Katastrophen.

Der Verliebte nimmt sich den anderen,

der Liebende schenkt sich dem anderen!

Liebe ist das Verlangen des

Liebenden, das geliebte Wesen

glücklich zu machen!

Sex ist die Vereinigung von zwei Körpern.

Liebe ist die Vereinigung von zwei Seelen.

Liebe das Leben,

und das Leben wird dich lieben!

Ein Aspekt der Liebe ist,

seinen Mitmenschen so zu nehmen wie er ist

und ihm zu helfen, so zu werden,

wie er sein sollte.

Nicht richten, sondern aufrichten.

Was der Egoist sucht,

ohne es zu finden,

findet der Liebende,

ohne es zu suchen!

Die Weisheit ist die Lieblingsschwester der

Liebe. Je höher sich die Weisheit erhebt, desto

näher kommt sie der Liebe.

Liebe und Du wirst weise werden,

werde weise

und Du wirst lieben.

Erziehen heißt nicht,

den anderen zu zwingen,

unsere Vorstellungen zu

verwirklichen,

unsere Wünsche zu erfüllen

und nach unserem Wertmaß zu leben.

Erziehung heißt vielmehr,

dem uns anvertrauten Wesen

zu helfen,

sich selbst zu erkennen,

zu sich zu finden und

sich zu verwirklichen.

Wo du keine Liebe findest,

musst du Liebe säen,

und du wirst Liebe ernten.

Lieber mit der Wahrheit fallen,
als mit der Lüge siegen!

Man sollte dem anderen die Wahrheit wie

einen Mantel hinhalten, dass er

hineinschlüpfen kann, und sie ihm nicht wie

einen nassen Lappen um die Ohren schlagen.

Wenn Sie aber z.B. an Ihrer
Schwiegermutter gar nichts nettes
entdecken können, dann stellen Sie
sich vor, Sie hätten zwei davon und
seien Sie glücklich,
dass es nur eine ist!!

Wer seinen Nächsten verurteilt,
der kann irren.
Wer ihm verzeiht, der irrt nie.

Ein Augenblick der Geduld

kann vor großem Unheil bewahren,

ein Augenblick der Ungeduld

kann ein ganzes Leben zerstören.

Tu alles Gute, das du vermagst,

und tu es so leise wie möglich.

Jedem wird Hilfe und Beistand zuteil,

und zwar in genau dem Maße, wie er

sich selbst bemüht! Wenn Sie also eine

hilfreiche Hand suchen, schauen Sie

einmal ans Ende Ihres Armes.

*Ein offenes Wort ist immer richtig – außer,
man hat schon genug Feinde. Alles, was Du
sagst, sollte wahr sein, aber nicht alles, was
wahr ist, solltest Du sagen.*

Die meisten Schatten im Leben
kommen daher, dass wir uns selbst in
der Sonne stehen.

*Um zur Quelle zu kommen,
muss man gegen den Strom schwimmen!*

Manchmal müssen wir einsehen, dass unter den gegebenen Umständen eine Lösung eines Problems nicht möglich ist. Fragen wir uns dann doch einmal, unter welchen Umständen denn eine Lösung möglich wäre, und schaffen wir diese Umstände.

Niemals wird dir ein Wunsch gegeben, ohne dass dir auch die Kraft verliehen wurde, ihn zu verwirklichen. Es mag allerdings sein, dass du dich dafür anstrengen musst.

„Lebe einfach, verlange wenig,

gib viel; strahle täglich Gedanken

der Liebe aus, erweise anderen Wesen

gern Freundlichkeiten;

verbreite Frohsinn, denke weniger an

Dich und mehr an andere;

und danke beständig dem Höchsten

für alles Gute, das Du hast und

empfängst, wie für das,

was Dir erst als Folge solchen Dankes

bewusst wird oder zufällt."

Erfolg ist das, was erfolgt,

wenn wir richtig denken und handeln.

Der Erfolg ist folglich kein Geschenk,

sondern muss geschaffen werden.

Auch der ‚günstige Zufall'

fällt immer nur dem zu,

der das Gesetz

von Ursache und Wirkung

befolgt hat.

Alles, was durch persönlichen Willen gewaltsam zur Verwirklichung gebracht wird, ist immer auf unrechtmäßige Weise erworben und ist stets ein Misserfolg.

Der Mensch wird ermahnt: „Dein Wille geschehe", und das Sonderbare ist, dass der Mensch immer gerade das erhält, was er sich wünscht, wenn er seinen persönlichen Willen aufgibt, wodurch er ermöglicht, dass die unendliche Intelligenz durch ihn wirkt.

Ohne Sammlung und weise Nutzung

aller Kräfte von Leib-Seele-Geist

keine dauernden Erfolge!

Wie will der sein Leben beherrschen,

der seiner Sinne Sklave ist.

Jeder bekommt das,

was er verursacht,

aber nur der Erfolgreiche

gibt es auch zu!

Erfolg ist im Grunde nichts anderes,

als die Überwindung

der Angst vor dem Versagen.

Wenn man im Leben

keinen Erfolg hat,

braucht man sich deshalb

nicht für einen Idealisten zu halten.

Eine Erfolgsgewohnheit, die wir uns nun bewusst anerziehen wollen, ist die, an allem das Gute zu sehen und zu bejahen und aus allem das Beste zu machen. Man kann auch aus einem Übel Brauchbares machen; man muss nur die Augen öffnen, nach dem dahinter verborgenen Guten Ausschau halten und entschlossen sein, stets alles zum Besten zu wenden. Schon mancher hat anfängliche Misserfolge auf diese Weise nachträglich in Erfolge verwandelt.

Die Zukunft ist die Vergangenheit,
die durch eine andere Tür
wieder herein kommt.

Unsere Wünsche sind wie kleine Kinder:

Je mehr man ihnen nachgibt,

umso anspruchsvoller werden sie.

Es ist besser, eine Lampe anzuzünden,

als sich über die Dunkelheit zu beklagen.

Jede Begierde macht uns

zu Sklaven der Außenwelt.

Es ist Vorschrift,

dass Autoreifen mindestens

einen Millimeter Profil haben müssen.

Für Menschen gibt es diese Vorschrift

leider nicht!

Genügsamkeit ist
natürlicher Reichtum.

Im Leben schreitet der am sichersten voran,
der am besten vorbereitet ist — der seine
Kräfte optimal einzusetzen und seine
Möglichkeiten voll auszuschöpfen weiß.

Entscheidend für Ihren Erfolg ist nur,
wie viel Sie realisieren. Das meiste
wird nur deshalb nicht erreicht, weil es
nicht unternommen wurde.

Man muss das Unmögliche versuchen,

um das Mögliche zu erreichen.

Jeder möchte die Welt verbessern,

und jeder könnte es auch,

wenn er nur bei sich selber

anfangen würde.

Wenn wir uns Grenzen setzen,

werden manche unserer Ziele

außerhalb dieser Grenzen liegen.

Beseitigen wir diese Grenzen,

ist kein Ziel unerreichbar!

Wenn etwas überhaupt wert ist,

getan zu werden,

ist es auch wert,

gut getan zu werden und

warum nicht auch mit Freude?

Nach der Wahrheit zu urteilen, ist nicht derjenige reich, welcher viele Güter besitzt, sondern der, welcher nicht vieler bedarf. Ebenso ist nicht derjenige arm, welcher wenig besitzt, sondern der, welcher nach vielem Begierde hat. Wenn Du demnach einen siehst, der noch so vieles begehrt, so halte ihn ohne weiteres für den Ärmsten, und wenn er noch so viele Schätze besäße; und wenn Du wieder einen siehst, der nur wenig bedarf, so musst du ihn für den Reichsten halten, wenn er auch nichts besäße, denn Armut und Reichtum müssen nach der Gemütsbe- schaffenheit eines jeden Menschen, nicht nach dem Maße der Habe beurteilt werden.

Der Wert eines Menschen wird nicht durch die Größe seines Besitzes bestimmt, sondern er richtet sich nach dem Wert der Persönlichkeit. Es kommt nicht darauf an, was einer hat, sondern es kommt darauf an, wer er ist. Nicht das Haben, sondern immer das Sein entscheidet.

Mit einem Ratschlag ist das so eine Sache! Ein Rat ist etwas, was die Weisen nicht brauchen und die Dummen nicht annehmen!

Fragen Sie sich bei allen auf sie einstürmenden Sorgen und Problemen, was diese vom Standpunkt der Ewigkeit betrachtet wert wären.

Alle Dinge sind an sich völlig wertfrei und neutral. Die Einstellung des Menschen macht aus ihnen erst Gegensätze der Freude oder des Leides. So ist Einsamkeit weder gut noch schlecht, weder angenehm noch unangenehm. Der eine erlebt Einsamkeit als Qual, der andere als willkommene Voraussetzung der Selbstbesinnung und der Meditation. Für den einen ist Besitz das höchste Ziel seiner Bestrebungen, für den anderen störender Ballast. Es sind niemals die Umstände selbst, die unser Gemüt tangieren, sondern lediglich unsere Einstellung zu den Umständen.

„Wenn wir sterben, bleibt unser Reichtum im Hause. Unsere Verwandten und Freunde begleiten uns noch bis zum Grabe. Aber unsere Tugenden und Fehler, unsere guten Werke und unsere Mängel folgen uns in das andere Leben nach. Darum sei unser Trachten auf Gutsein und Guttun gerichtet."

Wer andere besiegen will,

der muss sich erst selbst besiegen;

wer andere richten will,

der muss sich erst selbst richten;

wer andere kennen will,

muss sich erst selbst kennen.

Erbitte Gottes Segen für deine Arbeit,

aber verlange nicht auch noch,

dass er sie tut!

Lebe jeden Tag, als ob es dein erster und

dein letzter wäre.

Lob und Kritik!

Erkennen Sie, dass weder Lob noch Kritik eine Wirklichkeit beinhaltet, sondern nur die Meinung eines anderen darstellt, also seine Ansicht von der Wirklichkeit.

Lob und Kritik sollten Sie nur anregen, noch einmal die betreffende Wirklichkeit anzusehen, um zu prüfen, ob Sie vielleicht etwas übersehen haben, was der andere erkannt hat.

Orientieren Sie sich also immer an der Wirklichkeit und nicht an einer Ansicht über die Wirklichkeit! Denn weder Lob noch Kritik verändern oder schaffen Wirklichkeit!

Lehrer ist einer, der viele Informationen gesammelt hat. Schüler ist einer, der mehr Informationen sucht. Meister ist einer, der gefunden hat, was er gesucht hat. Seine „Schüler" sind nicht zum Lernen bei ihm, sondern um sich zu wandeln.

Einen guten Lehrer erkennt man darin, dass er sich mit der Zeit überflüssig macht.

Ein Prozent helfen ist besser als

neunundneunzig Prozent Mitleid.

Wer schnell hilft, hilft doppelt!

Streben wir danach,

„vom Wissenden

zum Weisen zu werden".

Es ist ein absolutes geistiges Gesetz, dass
jeder von der Fülle des Geistes nur in dem
Maße empfangen kann, wie er selbst zum
Kanal wird, durch den die Fülle weiter fließt.
Das Gesetz wirkt also nicht so, dass man
zuerst warten darf, wie viel man vom Geist
bekommt, um es dann nach Belieben weiter
zu geben, sondern nur in umgekehrter
Richtung: Zuerst müssen wir nach bestem
Vermögen geben, und dann erst bekommen
wir mehr als wir gegeben haben.

Arm ist,

wer mehr braucht, als er hat.

Reich ist,

wer mehr hat, als er braucht.

Denke und handle so,

dass dir niemals die Achtung

vor dir selber verloren geht!

Die geistige Höherentwicklung bleibt niemandem erspart. Wann er den Weg beginnt, ist lediglich eine Frage der Zeit. Wer der Welt helfen will, beginne mit seiner eigenen Veredelung. Denn Blinde können keine Blinden führen. Der Wissende kann aber wieder nur dem helfen, der sich helfen lassen will. Gehen muss jeder den Weg selbst.

Behalte bei allem, was Du denkst, willst und tust, stets das Wohl des Ganzen im Auge, und trachte danach, dass Dein Da-Sein wie Dein Wirken andere so glücklich macht wie Dich selbst.

Es ist ein Jammer: Die Dummen sind immer so sicher und die Gescheiten so voller Zweifel.

Ein Mensch, der sich etwas auf seine Intelligenz einbildet, ist wie ein Sträfling, der mit seiner großen Zelle prahlt.

Unsere Kenntnisse hindern uns oft,
zu Erkenntnissen zu kommen.

Wenn ihr ein Leben lebt, bei dem ihr
immerfort Dinge vor der Welt wünscht –
wisst ihr, was ihr dann seid? Bettler!
Bettler an den Toren der Sinne.

„Alle Dinge sind würdig,
mir zu dienen,
aber keines ist wert genug,
mein Herr zu sein."

Wer nicht lernt sich selbst zu beherrschen,

bleibt ewig Knecht!

Die Sonne ist nicht schuld daran,
wenn der Blinde seinen Weg
nicht sieht.

Weisheit der Bibel:

Wer bittet, der empfängt;

Wer sucht, der findet;

Und wer anklopft, dem wird geöffnet.

Der Kluge fragt sich selbst;
der Dumme andere.

*Und wenn die einen oder anderen sich uns
entgegen stellen? Wir werden kaum erreichen,
dass alle für uns sind. Selbst ein Meister der
Liebe wie Christus war nicht ohne Feinde.
Wo Licht aufflammt, entstehen Schatten.
Finden wir uns also mit Gegnern ab und
blicken wir nicht auf sie, sondern auf uns
selbst!*

Verzichte darauf,

es dem anderen heimzuzahlen,

sonst bist du so schlecht wie er.

Warum wollen wir nicht sehen, was uns das

Leben an guten Dingen und Gaben

schenkte? Manch einer fragt sich bei dem

kleinsten Ungemach: Warum immer ich?

Müsste er die gleiche Frage nicht auch stellen,

wenn sich ihm die guten Seiten des Lebens

öffnen?

„Ja, wenn ich zehntausend Euro hätte,
dann könnte ich..." sagen die Kleinen.
Der Große weiß: „Alle Mittel, die ich
brauche, sind in mir, und was ich
gläubig bejahe, rufe ich herbei."

Kein Baum, er mag so stark sein, wie er will, wird auf die Dauer dem Schlag der Axt standhalten. Es ist nur eine Frage der Zeit und der Ausdauer des Holzfällers, wann er sich zur Seite neigt und fällt. So werden auch Ihre Probleme sich in Nichts auflösen, wenn Sie wachsam und beständig Ihr Ziel im Auge behalten und Schlag für Schlag in „die Kerbe hauen". Beständigkeit, das ist eine wichtige Eigenschaft, die Sie brauchen, wenn Ihr Tun erfolgreich und sinnvoll sein soll.

Hier scheiden sich die Geister:

Der Schwächling beugt sich

seinem Schicksal,

der Feige flieht es,

der Kluge nutzt es,

und der Lebensmeister schafft es.

Schwächen überwinden wir nicht, indem wir

ihre Symptome – die sichtbaren Fehler –

bekämpfen, sondern indem wir sie bei ihrer

Wurzel packen, beim falschen Denken. Und

das geschieht durch bewusste Hinwendung

zum rechten Denken.

Der eine fragt,

was ihm die Zukunft bringt,

der andere gestaltet sie selbst.

Unser Leben ist zu kurz, um klein zu sein!

Aber es ist auch zu kurz,

um es sich durch Ärger

noch mehr zu verkürzen.

„Gedanken sind wie wilde Pferde, ebenso schön und stark wie verderblich, wenn man sie nicht zu halten, zu lenken, Ihre Gangart zu bestimmen weiß. Sie stürmen mit Dir davon, und Du bist plötzlich, wo Du nicht sein wolltest. Wer sie aber beherrscht, der ist Herr über sein Schicksal."

Wenn Sie etwas als richtig erkannt haben,

dann fragen Sie nicht die anderen

um ihre Meinung. Sonst machen Sie

die Unvollkommenheit der anderen

zum Richter über Ihr Tun.

Strebt ständig nach dem Höchsten,

dann wird euch alles Mindere von

selbst zufallen.

Ein Schüler fragt den Meister:

„Zeige mir einen Erleuchteten".

Der Meister schickt ihn zu einem König,

der stets im höchsten Bewusstsein war.

Der Schüler fragte den König:

„Wie machst du das, stets im höchsten

Bewusstsein zu bleiben?"

Der König sagte:

„Ich will es dir verraten, aber zuvor

musst du eine Prüfung ablegen.

Fülle eine Schale mit Wasser und

trage sie auf dem Kopf

einmal um meinen Palast.

Wenn du etwas verschüttest,

lasse ich dir den Kopf abschlagen.

Wenn du es schaffst,

will ich dir mein Geheimnis verraten."

Der Schüler wollte das Geheimnis

um jeden Preis erfahren und

machte sich auf den Weg.

Der Scharfrichter ging einen Schritt hinter

ihm mit blankem Schwert und

überwachte die Probe.

Der Schüler konzentrierte sich

in der Todesgefahr aufs äußerste und

schaffte es, ohne auch nur einen Tropfen

zu verschütten.

Erleichtert ging er zum König und sagte:

„Ich habe die Probe bestanden, sage du mir,

wie du es machst."

Der König antwortete:

„So wie du eben, nur ständig!"

Ich bin jedem dankbar, der mich zwingt zu beweisen, was ich kann.

Das Wichtigste im Leben ist, dass man nicht nur aus seinem Gewinn Kapital schlägt. Das kann jeder. Man auch aus seinen Verlusten Gewinn ziehen. Dazu gehört Intelligenz, und darin unterscheidet sich ein kluger Mensch von einem Dummkopf.

Der Erfolgreiche gleicht immer einem Gummiball: Je tiefer er untergetaucht wird, umso höher springt er wieder aus dem Wasser.

Versuchen Sie, die Dinge, Menschen und Umstände völlig wertfrei zu betrachten. Betrachten, ohne zu bewerten.

Verzeihe niemals!

Das hört sich hart an, aber wenn ich jemandem verzeihen kann, muss ich ihn zuvor verurteilt haben.

Sorge dafür, dass du niemals zu verzeihen brauchst, indem du nicht mehr verurteilst.

Der einzige Mensch, der sich vernünftig verhält, ist mein Schneider. Er nimmt jedes Mal neu Maß, wenn ich zu ihm komme. Alle anderen Leute bleiben bei den alten Maßen.

Gewohnheiten sind Vorgesetzte,
die man nicht bemerkt.

Gewohnheiten machen das Denken
überflüssig – deshalb haben die meisten
Menschen auch so viele.

Ich denke - also bin ich!

Ich bin   - also will ich!

Ich will   - also kann ich!

Ich kann   - also handle ich!

Zuerst wollte ich das Leben erobern.

Aber es besiegte mich!

Dann versuchte ich, das Leben zu ergründen.

Aber ich verlor mich in seiner Endlosigkeit!

Schließlich meinte ich, man müsste das Leben

sorgfältig einteilen.

Aber es entzog sich mir!

Dann endlich, zögernd und unbeholfen,

versuchte ich, das Leben zu lieben. Da

umarmte es mich mit überwältigender Freude.

Niemand kann ins Wasser springen und dennoch trocken bleiben. Dies widerspricht dem Gesetz und der Vernunft. Niemand, der seine ganze Zeit damit verbringt, Begrenzungen und Einschränkungen zu denken und zu fühlen, kann gleichzeitig das Freisein davon demonstrieren.

Das Vergangene ist schon vorüber, das Zukünftige noch nicht da, in der Gegenwart ist keine Heimat, denn kaum hast Du sie wahrgenommen, ist sie schon vorbei. Alles wandelt sich ohne Unterlass. Namen und Worte sind selbst geschaffene Verwirrung. Lass alle Einbildung fahren und erforsche dich, bis kein Forschen mehr möglich ist. Dann erkenne, dass der Weg das Ziel ist; das Ziel ist nicht nur das Ende des Weges.

Betrachten Sie das Leben von der heiteren Seite. Wenn Ihnen einmal eine Seite Ihres Daseins nicht gefällt, blättern Sie einfach um.

Um der Natur befehlen zu können, muss man ihr gehorchen!

Wo etwas geschaffen wurde,

muss einer sein, der erschafft.

Wohin wir auch schauen, ist Ordnung,

wo Ordnung ist,

muss auch ein Ordner sein.

Es gehört sehr viel mehr Glaube dazu,

nicht an Gott zu glauben,

als an ihn zu glauben,

wo wir ständig von Beweisen

seiner Existenz umgeben sind.

Die Mystiker lehren:

Die grundlegende Ursache von Krankheit und Begrenzung ist Verblendung, Mangel an Verständnis. Das sichere Heilmittel ist Erleuchtung, Erkenntnis der wahren Natur des Lebensprozesses.

Wer zu einem großen Ziel unterwegs ist, der sollte sich an Kleinigkeiten nicht aufhalten.

Wer sich für zu wichtig für kleine Arbeiten

hält, ist meist zu klein für wichtige Arbeiten!

Wenn man eine Kerze in einem völlig dunklen Raum bringt, verschwindet die Finsternis, und es wird Licht. Wenn man aber zehn, hundert oder tausend Kerzen hinzufügt, wird der Raum heller und heller. Die entscheidende Veränderung wurde jedoch durch die erste Kerze hervor gebracht, die die Dunkelheit durchdringt.

Meister werden...

... heißt nicht, hier alles aufgeben, Familie, Beruf, Haus und nach Indien zu gehen, um sich von einem Guru in die Geheimnisse des Lebens einweihen zu lassen. Wäre dies Ihr Weg, Sie wären sicher in Indien geboren worden.

Meister kann man überall werden, nämlich Meister über sich selbst. Meister über seinen Ärger, seinen Egoismus, Neid, Eitelkeit, Stolz, Geiz, Faulheit usw.

Meister sein heißt, das zu tun, was man schon weiß, also das Richtige nicht nur zu kennen, sondern täglich zu leben. Das ist wahre Meisterschaft.

Widerstehe nicht dem Übel, denn man überwindet das Böse nicht dadurch, dass man dagegen angeht, sondern dass man Gutes tut.

Ich will mich täglich bemühen, so zu werden, wie ich sein soll. Dabei aber freudig akzeptieren, wie ich zur Zeit noch bin!

„Bemüht Euch um die Achtsamkeit: Es ist der gerade Weg zur Erlösung."

Der Mensch bringt täglich sein Haar in Ordnung, das er höchstens bis zum Tode trägt; warum ordnet er nicht auch täglich sein Herz, das alles Glück und alle Qual auch aller späteren Leben erzeugt.

Die Pflicht des Höheren ist es, höhere Tugenden zu zeigen, doch hat er kein Recht, sie von seinen Untergebenen zu fordern.

Wenn Sie von einem „Meister" zum anderen eilen, bestätigen Sie damit die Wahrheit: „Es gibt Menschen, die alles tun, um weiterzukommen, außer dafür zu arbeiten."

Es gibt nichts Uninteressantes,
es gibt nur Uninteressierte!

Tue es gern

<u>Frage:</u> Es heißt zwar, dass ,Arbeit adelt'.

Aber von ungeliebter Arbeit fühle ich mich

nicht geadelt, sondern angeödet. Können Sie

mir helfen?

<u>Antwort:</u> Versuchen Sie es mit der

gedanklichen Umgestaltung vom Nein zum

Ja und mit dem Gerntun. Ein Philosoph sagt

spöttisch: ,Arbeit ist, was man nicht gern tut;

was man gern tut, ist Beschäftigung.'

Erleichtern Sie die ungeliebte Arbeit, indem

Sie sie als Beschäftigung bejahen, als Hobby.

Wenn genug Leute denselben Fehler
oft genug gemacht haben,
gilt er als Regel.

*Die meisten Leute sehen die Dinge nicht so,
wie sie wirklich sind, sondern so, wie sie nach
ihrer Meinung zu sein haben.*

Wer seinen eigenen Weg noch sucht, der prüfe seine Wunschträume von Kindheit an. Hier erkennt er, welche verborgenen Kräfte noch auf Entfaltung warten. Unsere Gaben sind unsere Aufgaben.

Wenn du eine hilfreiche Hand suchst, sieh doch einmal am Ende deines Armes nach.

Es geht um die Worte: Jemand anderem wehtun. Wir allein bestimmen, ob uns wehgetan wird oder nicht, ganz gleich, was geschieht. Wir sind es, die das entscheiden. Niemand sonst.

Jeder Mensch, alle Ereignisse in deinem Leben sind da, weil du selbst sie angezogen hast. Was du mit ihnen anfängst, ist deine Sache.

Wie wär's, wenn ich der Welt erlaubte, so zu leben, wie sie leben will, und mir erlaubte, so zu lebten, wie ich es will?

Alles, was geschah und geschieht, war zuerst Gedanke. Was immer uns trifft, ist Folge einstigen Denkens. Alles Gewordene war zuerst Idee – Innenwirklichkeit – und wurde schließlich Tat – Sinnenwirklichkeit.
Alles Gewordene ist kristallisierter Gedanke. Was wir heute sind, ist das Produkt unserer bisherigen Gedanken, und was wir heute und fern hin denken, werden wir einst sein.

Eines von beiden musst du einmal wählen: Entweder bei deinen alten Freunden noch ebenso beliebt zu sein wie früher, indem du ebenso bist wie früher, oder, falls du über deinen früheren Standpunkt hinaus geschritten bist, auf deine früheren Beziehungen verzichten. Kann doch niemand, der zwei Herren dient, wirklich Fortschritte machen.

Manch vom Schicksal gesegneter Mensch hätte alle Voraussetzungen, Begabungen und Möglichkeiten, sich einen großen Namen zu machen. Was aber tut er? Er verplempert seine Zeit mit allen möglichen Zerstreuungen und verprasst das ihm anvertraute Erbe. Der andere Mann hat vielleicht nur einen Bruchteil der Talente und Erfolgs- möglichkeiten, nutzt diese aber reichlich aus und bringt es zum Meister seines Faches. Entscheidend ist also gar nicht, wie viel wir besitzen, sondern was wir aus dem Besitz machen und wie wir ihn mehren.

Ich sehne mich danach, eine große und edle Aufgabe zu erfüllen, aber meine erste Pflicht ist es, kleine Aufgaben so zu erfüllen, als ob sie groß und edel wären.

Wir sind nicht hier, um vom Leben so viel wie möglich zu bekommen; wir sind hier, um das Beste zu geben, dessen wir fähig sind. Dies erfordert spirituelle Entfaltung und ist unsere praktische Pflicht.

Hört meine Worte und bewegt sie in eurem Herzen: Vergebens müht sich der Mensch, durch das Sammeln vergänglicher Güter Glück zu erlangen. Denn das Leben zerrinnt wie Wasser, das man mit den Händen schöpft. Nur die Guttat hat Bestand und führt zum Erwachen, zu wandelloser Glückseligkeit. Darum tut das Gute, das ihr tun könnt, sogleich -- da das, was am Morgen vor euch steht, am Abend schon vergangen sein kann. Wartet nicht, bis ihr alt seid und schwach und nicht mehr Schöpfer, sondern nur noch Träger des Schicksals.

SEIN ist Auftrag. Ob wir uns dessen

bewusst sind oder nicht!

Wir sollten uns nicht selber

versäumen!

Man sollte sich nur um das kümmern, was

man SEIN soll und nicht darum, was man

HABEN möchte.

Manche Menschen würden eher sterben als nachzudenken.
Und sie tun es auch.

Alles, was du sagst, sollte wahr sein. Aber nicht alles, was wahr ist, solltest du sagen. Denn nur der Narr sagt, was er weiß. Der Kluge aber weiß, was er sagt.

Denken was gut, sagen was wahr, tun was recht ist!

Viele wollen vollkommen sein, aber nur wenige sind bereit, sich zu bessern!

Der Mensch ist auf der Erde, um seinen Körper zu vergeistigen und seinen Geist zu verkörpern.

In der ersten Jugend handle man so, dass man im Alter glücklich leben kann, und während des ganzen Lebens handle man so, dass man im Jenseits glücklich leben kann.

Die größte Entdeckung der letzten hundert Jahre ist nicht die der im Innern der Atome vorhandenen Energien, sondern die der im Innern des Menschen schlummernden Mächte, die mehr als die Atomenergien die Entwicklung des Lebens bestimmen werden, wenn sie erst voll zur Entfaltung und Auswirkung gelangen.

Der Mensch sollte das Denken zur Kunst machen, denn es ist eine.

Eine der bedeutendsten und lichtvollsten Erkenntnisse der Mystiker ist ihre Entdeckung, dass das so genannte Böse keine Realität in sich selbst hat, dass es nichts weiter ist als eine Erfahrung der Seele auf ihrem Weg zur wahren Wirklichkeit. Das Böse ist keine Wesenheit, sondern nur der Missbrauch der Kraft.

Jesus Christus sagt, wir sollen dem Übel nicht widerstreben, denn er wusste, dass es in Wirklichkeit kein Übel gibt, und deshalb nichts, dem man widerstehen kann. Das Übel ist aus dem falschen Vorstellungsvermögen des Menschen entstanden, oder aus dem Glauben an zwei Mächte: Gut und Böse.

Die Kraft, die sich durch unser falsches Denken und Tun in Krankheit und anderen negativen Zuständen auswirkt, ist die gleiche Kraft, die – infolge unseres rechten Denkens und Tuns – ihren Ausdruck in Gesundheit, Glück und anderen Formen des Guten findet. Der Unterschied liegt also nicht in der Kraft selbst, sondern in der Art unseres Denkens, das die göttliche Kraft in gute und böse Kanäle leitet.

Wenn du in den letzten Jahren in keinem wichtigen Punkt deine Meinung geändert hast, dann fühl mal deinen Puls.

Wir müssen uns von dem Gedanken losmachen, dass Gott wünsche, wir sollten uns für andere aufopfern, und dass wir durch ein solchen Opfer sein „Wohlgefallen" erkaufen können. Gott verlangt nichts dergleichen. Wir können für andere eine größere Hilfe sein, wenn wir das Beste aus uns selbst machen.

Gehe oft in die Stille und pflege den Umgang mit Dir selber, mit Deinem innersten Selbst. Je besser Du mit Dir zurecht kommst, desto besser wirst Du mit anderen auskommen.

Suche nicht große Worte,
eine kleine Geste genügt.

Es gilt also, der Forderung zu folgen: Halte den Geist rein, wache über Deine Gedanken und sie Dir bewusst, dass „niemand Dir Schaden zufügen kann als Du selbst. Den Schaden, den Du erleidest, trägst Du in Dir und wenn Du leidest, dann durch eigenes Verschulden."

Erhebe Deine Stimme nicht über Deinen Horizont!

Niemals sei unser Gebet ein Versuch, Gott zu bestimmen. Niemals sei unser Gebet das Begehren, Gottes Weltall zu vervollkommnen

Nicht es gut zu haben, sondern gut zu sein sei das Ziel deines Lebens.

„Mein Gedeihen hängt nicht von Menschen oder Bedingungen ab. Gott ist die Quelle meiner Versorgung, und Gott verschafft mir jetzt seine eigenen erstaunlichen Wege des wahren Reichtums."

Mutter Theresa sagte, als ein rechtgläubiger Moslem mit ihr einen Disput über Glaubensfragen begann: „Was Du meinst und glaubst, ist in den Augen Gottes unwichtig; wesentlich und entscheidend ist allein, was du tust. Lebe Deinen Glauben, dann handelst du recht, wie auch immer Dein Glaube sein mag."

„Ach, Herr, lass Du mich danach trachten,

nicht dass ich getröstet werde,

sondern dass ich andere tröste,

nicht dass ich verstanden werde,

sondern dass ich andere verstehe,

nicht dass ich geliebt werde,

sondern dass ich andere liebe.

Denn wer da hingibt, der empfängt,
und wer sich selbst vergisst, der
findet."

Wenn Du träumen willst, schlaf weiter.
Aber denke daran, auch Träume haben
ihren Preis!

Der Mensch ist nicht da, um andere zu
beherrschen, sondern er soll lernen,
sich selbst zu beherrschen.

Wenn mich der liebe Gott nach meinem Tode fragt, warum ich denn kein Salomo auf dieser Welt geworden sei – dann sage ich: Lieber Gott, dazu war ich zu klein.

Doch wenn nach meinem Tod der liebe Gott mich fragt, warum ich denn nicht wenigstens ich selbst wurde – was soll dann nur meine Antwort sein...

Nun, wir können nicht dableiben. Aber wann Sie auch sterben – es wird Ihnen eben so leicht fallen wie das Geborenwerden. Denn wenn wir gestorben sind, sind wir schon nicht mehr tot.

Wenn es ‚soweit ist' feilschen Sie mit dem Tod um ein paar Stunden – nachdem sie sich und anderen ein ganzes Leben lang die Zeit vertrieben haben.

Als der Zen-Lehrer Shi-Kung von einem Mönch gefragt wird: ‚Wie kann ich Geburt und Tod entrinnen?', da stellt der Lehrer die Gegenfrage: ‚Wozu ihnen entrinnen?' womit er den Mönch aus dem Lebenstraum heraus riss und ihn innewerden ließ, dass er seiner Buddha-Natur nach jenseits von Tod und Geburt steht und ihnen darum nicht zu entrinnen braucht. Der Träumende meint, sich retten zu müssen. Der Erwachte weiß, lächelt und erkennt!

„Wer nicht stirbt, bevor er stirbt, der verdirbt, wenn er stirbt."

Wer etwas weiß, kann noch nichts. Doch auch Können bewirkt noch nichts. Erst das Tun verändert die Welt!

Ein altes Sprichwort sagt: „Wenn der Schüler bereit ist, dann kommt der Lehrer!" Leider ist die geistige Bereitschaft der nach Erkenntnis Strebenden in Europa meist nicht sehr groß. Es fehlt an Ausdauer und Geduld. Aus diesem Mangel an Bereitschaft entspringt häufig das Hingezogenwerden zu blinden Blindenführern, die keine schweren Anforderungen stellen, dafür aber um so mehr versprechen. Hieraus erwachsen nun neuer Kummer und noch größeres Elend.

Durch andere Verhältnisse wirst du nicht anders; aber wenn du anders wirst, ändern sich deine Verhältnisse.

Chancen gehen nie verloren. Die, die man selbst versäumt, nutzen andere.

Viele Menschen leiden an ihrem sinnlosen Leben. Andere sind immer auf der Suche nach dem Sinn des Lebens. Suchen Sie nicht nach dem Sinn des Lebens, geben Sie ihm einen Sinn!!!

Man weiß, dass es ein gutes Buch war, wenn einem beim Umblättern der letzten Seiten so zumute ist, als hätte man einen Freund gefunden.

Es genügt jedoch nicht, von diesen Lehren zu sagen, sie seien wahr und schön; sie müssen von allen genau befolgt werden, wenn sie den Menschen helfen sollen. Der bloße Anblick der Nahrung wird den Hungrigen nicht sättigen; er muss schon seine Hand ausstrecken und annehmen.

Halte niemand sein Leben für etwas Fertiges. Alles, was ist, ist Ausgangspunkt eines Vollkommeneren. Und die, die das Vollkommenere schaffen sollen, sind wir selbst. Und die Kraft und Fähigkeit es zu schaffen, ist in uns. Unser Leben zu unserem Meisterwerk zu machen, ist unsere Berufung. Machen wir diese Erkenntnis zum Leitgedanken unseres Lebens. Lassen wir unser Denken, Wollen und Tun von ihm durchpulsen und bestimmen. Dann wird sich unser Leben mehr und mehr als Meisterstück enthüllen.

Tätige Meditation heißt: So leben, dass man jederzeit bereit ist zu gehen!

Ich soll auf dieser Welt leben. Lasst mich darum das Gute, das ich tun kann, und jede Freundlichkeit, die ich irgendeinem Menschen erweisen kann, jetzt und sofort tun. Lasst mich nichts aufschieben oder vernachlässigen, denn ich werde diesen Weg kein zweites Mal gehen können.

Produkte zum Wohlfühlen
Ausbildungen zum Durchstarten
DVDs zur Innenbildung
CDs zum Entspannen

Ihr Ansprechpartner
für alle Lebensbereiche!

„Unsere Herzens-Aufgabe
ist die Bewusstseinsentfaltung."

E-Mail: go@iadw.com
❖ **www.iadw.com** ❖

❖ Tepperwein-Heimlehrgänge
❖ Tepperwein-Kompaktlehrgänge
❖ Tepperwein-Ausbildungen

❖ Bücher
❖ CDs und DVDs
❖ Geschenksartikel
❖ Gesundheitsboutique

Internationale Akademie der Wissenschaften Anstalt
Postfach 1628, FL-9490 Vaduz
Tel: +423 233 12 12 / Fax: +423 233 12 14

Im Buchhandel und Internet finden Sie stets brand-aktuelle Themen, sowie zeitlose Wissensschätze von *Kurt Tepperwein!*

Folgende Bücher und E-Books können Sie direkt über den BoD-Verlag (www.bod.de/www.bod.ch) detailliert einsehen, bevor Sie sich für Ihr Wunschthema entscheiden:

- **Ab heute bin ich frei!**
- **Bäume ausreißen! – Trainingsheft für mehr Motivation**
- **Berufskrise ade! – Frei sein von Arbeitssucht, Stress, Burn-out, Mobbing, Innerer Kündigung und Arbeitslosigkeit Bewusstseinsprung in eine neue Dimension**
- **Blinddate mit Magen und Darm**
- **Bring Farbe in dein Leben mit Dankbarkeit**
- **Bring Farbe in dein Leben mit einem einfachen Lächeln**
- **Bring Farbe in dein Leben mit Heiterkeit**
- **Bring Farbe in dein Leben mit Herzensfülle**
- **Bring Farbe in dein Leben mit Hingabe pur**
- **Bring Farbe in dein Leben mit Liebesweisheit**
- **Bring Farbe in dein Leben mit Seelenkraft**
- **Bring Farbe in dein Leben mit Stille in dir**
- **Bring Farbe in dein Leben mit Wertschätzung**
- **Bring Farbe in dein Leben mit Zeitlosigkeit**
- **Das Buch der Erfolgsgesetze**
- **Die hohe Schule des Lebens**
- **Die Kunst mühelosen Lernens**
- **Die Praxis der geistigen Gesetze**
- **Die Renaissance der Frauenpower – 7 Schritte zur Liebesfähigkeit**
- **Du bist wie du bist!**
- **Ein Leben ohne Ängste und Sorgen? – Trainingsheft für mehr Lebensqualität**
- **Einfach nur schön**
- **Endlich wieder FIT! – Trainingsheft zur Gesunderhaltung**
- **Erwachen zum wahren Sein**
- **Folge deinem Leitstern**
- **Frau sein – ganz sein, Mentaltraining für eine neue Weiblichkeit**
- **Geistheilung durch sich selbst**
- **Gelassenheit**
- **Gelebte Achtsamkeit**

- Gestalte dein Leben einfach neu! – Energetischer Impulsgeber zum Thema Alltagsführung
- Gesund für immer
- Glaube an Dich!
- Glücks-Gesetze
- GoldenWay Edition: Das Leben als Einweihungsweg
- GoldenWay Edition: Ihr Zauberstab Gedankenkraft
- Hilf dir selbst. Sei du selbst. Gesunde!
- Kausal-Training
- Leben im Überfluss, Die Zukunft selbst bestimmen
- Leben in der Gegenwart der Engel
- Liebst du mich auch? Energetischer Impulsgeber zum Thema Partnerschaft
- Nie mehr ärgern, bewusster leben
- Nie oder Jetzt! Aufbruch zur wahren Identität
- Out-Burn, Burn-out umkehren. Der Ausweg aus der Erschöpfungsfalle.
- Perlen der Weisheit
- Probleme adieu! Trainingsheft zur Konfliktbesänftigung
- Schreib Dein Leben um
- Selbstbewusst durchs Leben! – Energetischer Impulsgeber zum Selbstwert und Sicherheit
- Selbstheilungskräfte aktivieren
- Sinnfindung leicht gemacht! – Energetischer Impulsgeber zum Thema Bewusstwerdung
- Tepperwein Magazin der neuen Generation
- Tepperwein Magazin der neuen Generation 2
- Tepperwein Magazin: Wünsche & Träume mit Mental-Training verwirklichen
- Von der Angst zur Lebensfreude
- Wahre Freundschaft: Tierisch echt!
- Was wünscht du dir vom Leben?
- WEIH-NACHTEN
- Willkommen in der Leichtigkeit
- Willst du erfolgreich sein? – Leitfaden zu Reichtum und Erfolg
- Wunder vollbringen durch schöpferische Imagination
- Zeit halt, stehengeblieben! – Trainingsheft für ein gutes Zeitmanagement